LÉON VALERY

AUX

RÉDACTEURS

DU JOURNAL L'AIGLE

Prix : 50 centimes.

TOULOUSE
IMPRIMERIE DE CAILLOL ET BAYLAC
Rue de la Pomme, 34
1865

IMPRIMERIE DE CAILLOL ET BAYLAC.

AUX RÉDACTEURS

DU JOURNAL L'AIGLE

Il n'est jamais trop tard pour relever une injure, et l'on gagne toujours à réfléchir avant d'y répondre. C'est moins risquer d'obéir inconsidérémment aux mouvements de la colère que d'imposer silence aux premières révoltes de sa dignité froissée.

Il n'est point de prescription en matière d'insulte devant les lois de l'honneur, comme il en est devant certaines juridictions.

Aussi, en venant aujourd'hui seulement demander compte au journal l'*Aigle* d'une attaque personnelle dirigée contre nous dans ses colonnes, il y a environ six mois, ne serons-nous ni frappé de déchéance par le public auquel nous en appelons de cette injure, ni accusé de précipitation.

Aussi bien, ne nous a-t-il pas moins fallu de réflexion et de temps, pour décider si les agressions de cette feuille étaient dignes de notre réponse, et pour nous résoudre à lui faire cet honneur.

En nous soumettant à cette triste nécessité, nous cédons à notre respect pour l'opinion publique, devant laquelle nul n'a le droit de rester insensible aux dénigrements de ses détracteurs, sans paraître indifférent à ses appréciations et faire peu de cas de son estime.

Nous n'avons pas été libre d'ailleurs de choisir, pour répondre au journal l'*Aigle*, un moyen de publicité plus en usage dans les polémiques et plus en rapport avec nos goûts.

Le pamphlet n'est guère goûté de nos jours; et si le scandale, en fait de productions littéraires, fait fortune parmi nous, tout ce qui ne semblerait qu'un appel fait à l'attention publique au bénéfice d'une personnalité, n'aboutirait guère, pour son auteur, qu'au ridicule d'une tentative infructueuse.

Voilà pourquoi tout ce qui pouvait se rapprocher de la forme pamphlétaire répugnait à notre plume. Mais le journal l'*Aigle* insulte ses gens, et ne donne pas place à leur défense dans ses colonnes. Nous avons fait un vain appel à sa loyauté à cet égard : nos articles ont été inexorablement écartés. — Faiblesse !

Le seul grand journal de Toulouse, capable de contrebalancer la publicité de la feuille provocatrice, n'a pu nous faire un accueil plus favorable. Ce n'est pas qu'on craigne d'affronter les serres peu redoutables de l'*Aigle*. Depuis longtemps, le titre prétentieux de ce journal, s'il est le drapeau de ses opinions, n'est guère que le sarcasme de sa nullité et de son impuissance. Mais il est une catégorie de monde avec laquelle les gens de bonne compagnie n'aiment point à se commettre. Félicitations au *Journal de Toulouse* a cet égard, et point de rancune pour ses refus.

A défaut de tout organe de publicité, pour produire nos réclamations, fallait-il nous faire ? Nous nous y serions peut-être résigné, si nous n'avions eu contre nos agresseurs que ce sujet de récriminations. Mais entre l'*Aigle* et nous, il existe des comptes de plus d'un genre qui constituent de sa part un arriéré qu'il est temps de régler.

Nous commencerons donc par rappeler à ce journal qu'avant d'être bassement attaqué dans ses articles, nous avions été, à plusieurs reprises, honoré par lui du titre pompeux de son collabarateur. Nous lui rappellerons que notre prose, dont il nous doit le prix, ce que nous établirons, lui a paru digne des ses lecteurs, et que ce précédent lui imposait plus de réserve vis à vis de nous, sinon par égard pour notre plume du moins par respect pour lui-même.

Mais n'anticipons pas ; et, avant d'aborder une mesquine discussion d'intérêts matériels, qui ne sera peut-être pas sans importance en matière de presse, arrivons à une question d'un ordre plus élevé, la seule digne de nous préoccuper et d'éveiller nos susceptibilités.

Le numéro de l'*Aigle* du 9 mai dernier

contient une *Revue de la semaine* qui n'est qu'une prétentieuse déclamation à l'adresse de l'Académie des Jeux-Floraux et de ses lauréats. Le compte-rendu du concours de 1865 sert de prétexte à cette divagation, signée du nom de Varembey.

Nous n'avons pas la prétention de nous ériger en défenseur de l'Académie des Jeux-Floraux. Son silence, sur lequel personne ne se méprendra, sera toujours l'expression de son mépris pour les attaques dont elle sera l'objet de la part de certains de ses adversaires, et nous sentons la nécessité de séparer aujourd'hui notre cause de la sienne.

Laissez-nous pourtant vous dire en passant que c'est déjà une marotte surannée que celle des dénigrements à l'endroit des sociétés littéraires, M. Varembey ! Toutes ces impuissantes méchancetés ne sont guère plus considérées que comme de fades lieux communs, depuis que les plus ardents détracteurs des académies sont les premiers à rechercher l'honneur de venir s'y asseoir, et se placent ainsi dans une regrettable contradiction, où vous ne risquez point de tomber, M. Varembey, tant

que vous n'aurez d'autre titre littéraire à
ce genre de distinction, que votre collabo-
tion au journal l'*Aigle*.

L'Académie des Jeux-Floraux, qui ne
vous lit pas, n'a rien à craindre de vos dénigrements, pas plus qu'elle n'a eu à souf-
frir de la verve plus spirituelle de votre
prédécesseur M. Lomon. Vos sorties an-
nuelles, au mois de mai, commencent à
prendre aux yeux du public, je vous en
avertis, ce cachet de vieillerie que vous
trouvez avec quelque raison à l'éloge tra-
ditionnel de Clémence Isaure. Continuez
donc à nous donner dans vos revues le
bulletin de l'état atmosphérique, en par-
lant de la pluie et du beau temps; entrete-
nez vos abonnés des lorettes, du Colysée en
hiver, du pré Catelan en été, du Chateau-
des-Fleurs en tout temps; soyez verbeux,
ennuyeux, scandaleux, si vous le voulez,
mais épargnez-vous le ridicule de préten-
dre amoindrir une réunion d'hommes qui
ont l'honneur d'avoir pour collégues les
Viennet, les Victor Hugo, les de Lavergne,
les Rémusat !

Ce ridicule, nous l'avons un jour partagé
avec vous et nous confessons ce tort.

Il y a un an, en quittant Toulouse pour notre nouvelle résidence en Vendée, nous laissâmes tomber par mégarde sur la voie ferrée quelques strophes que nous fit l'honneur de ramasser un organe de la petite presse, pour les livrer à la publicité.

Ces strophes, qui n'étaient que nos adieux à Toulouse, contenaient les vers suivants :

> A Dieu ne plaise que je passe
> Dans mes adieux tes *mainteneurs ;*
> Ta *vieille* Isaure, *qui trépasse ;*
> Tes traiteurs, engeance rapace,
> Ces patentés empoisonneurs.....

Cette trivialité rimée ne nous empêchait pas de briguer les faveurs de la *vieille* Isaure, pas plus qu'elle n'a empêché MM. les Mainteneurs de nous les accorder.

Par malheur, le jugement de l'Académie à notre endroit n'a pas eu le privilége de vous plaire, M. Varembey. Nous serions loin assurément de nous en plaindre, si vous aviez borné l'appréciation de notre œuvre à une honnête critique dont nous aurions pu faire peu de cas, mais qui était du moins dans votre droit,

Ce dont nous nous plaignons, ce qui

nous pèse sur le cœur depuis six mois, c'est que vous avez dit à vos abonnés que dans notre ode couronnée, *à Alfred de Musset*, nous avons insulté la muse et souillé la cendre de notre poète de prédilection.

Ce dont nous nous plaignons et dont nous vous demandons compte, c'est que vous avez dit que, pour entrer à l'Académie des Jeux-Floraux, nous ayons fait litière des idées modernes ; que nous ayons, par complaisance pour nos juges, donné à Voltaire le camouflet de commande ; que nous pensions à la façon de Loriquet, ce qui, pour vous, est le *nec plus ultrà* du crétinisme et de la bigoterie.

Voilà ce qui nous froisse et que nous n'acceptons pas ; ce dont nous voulons vous châtier et vous châtierons devant le public, à moins que vous n'ayez été si souvent et si vertement fustigé dans votre carrière de folliculaire, que vous soyez le seul à ne pas sentir la vigueur de nos étrivières.

— « L'ode qui a remporté l'amaranthe « d'or, avez-vous dit, est une *longue et*

» *vilaine diatribe* contre notre immortel
» Alfred de Musset.

« Voici en quels termes légèrement in-
» discrets débute M. Léon Valery, en s'at-
» taquant à une des plus imposantes per-
» sonnalités du XIXe siècle. »

« Dors-tu content, Musset? ce terrible mystère
» Que l'œil ne peut percer et sonde en frissonnant;
» Ce secret du trépas, qu'à l'ombre de Voltaire
» Tu demandais en vain..., tu le sais maintenant!...
» Et je viens, à mon tour, interroger ta cendre :
» Oh! dis-nous, dans la tombe où tu viens de descen-
» As-tu trouvé la vie ou trouvé le néant? »   [dre,]

— « Que vous importe, M. Léon Va-
» lery, de quel sommeil dort l'auteur de
» *Rolla*? vous serait-il doux de le croire
» damné? on le penserait..... »

Ah! notre *Ode à Alfred de Musset* est
une longue et vilaine diatribe contre l'immortel poète, et voilà les vers que vous
citez de nous pour établir votre accusa-
tion! Mais qu'y voyez-vous, s'il vous plait,
qui justifie ce que vous avancez ? En
demandant à l'auteur des *Nuits*, au scepti-
que malheureux, qui lui-même interrogea
pendant vingt ans la nature entière, pour
lui dérober les mystères de l'inconnu ; en

lui demandant ce qu'il a trouvé dans le silence de la tombe, avons-nous insulté sa mémoire, M. Varembey?

« Que vous importe, nous dites-vous, de
» quel sommeil dort le chantre de *Rolla*? »
et que lui importait à lui-même de quel sommeil dormait Voltaire? n'a-t-il pas à son tour remué la cendre du grand philosophe? mais vous n'avez jamais lu ce poème de *Rolla* dont vous parlez, et où vous auriez trouvé ces vers, qui étaient non-seulement la justification des nôtres, mais encore le secret de leur à-propos et de leur peu d'énergie!

« Dors-tu content, Voltaire, et ton hideux sourire
» Voltige-t-il encor sur tes os décharnés?..... »

Où voyez-vous encore qu'on ait désiré qu'il fut damné? la preuve, vous la trouvez dans cette strophe que vous citez complaisamment, comme la plus propre à faire prendre le change sur nos intentions.

« Où les a-t-il trouvés, ton infernal génie,
» Ces atroces amants qui nous glacent d'effroi,
» Ces blasphèmes sans nom, ces râles d'agonie?
» Où les avais-tu vus, ces débauchés sans foi,
» Ces types de damnés aux faces convulsives?
» Si tu nous les peignis sous des couleurs si vives,
» Est-il vrai qu'à dessein tu les calquais sur toi?

Mais vous ne seriez qu'un lecteur inintelligent, M. Varembey, si dans ces *personnages aux allures sanglantes, terribles et mystérieuses*, *crayonnés par Alfred de Musset*, vous ne voyiez, comme vous le dites, que de pures fictions.

Ces créations ont une portée philosophique qui semble vraiment vous échapper. Les doutes de *Rolla*, les désespérants défis de *Franck* à l'humanité, à la nature, à Dieu même; tout cela, sachez-le, n'a été chez Alfred de Musset que l'expression de ce qu'il sentait, de ce qu'il souffrait lui-même, ou plutôt des angoisses de notre société.

C'est ainsi que le voit M. Paul de Musset, le frère du grand poète; c'est ainsi qu'il nous le dit dans une récente lettre que nous vous ferons subir, comme un démenti donné à vos calomnies sur notre compte, par la famille même de celui que nous voudrions savoir damné !

Nous disons de vos calomnies, car c'en est une que de nous attribuer gratuitement de pareils sentiments. Que ne citiez-vous à vos lecteurs, pour corroborer votre méchanceté, la dernière strophe de notre

odc où, après avoir parlé de l'épître d'Alfred de Musset à Lamartine, nous nous
écrions :

« Quand Dieu te l'inspirait, cet aveu qui console,
» Et que tu confiais au sein de l'amitié ;
» Quand Dieu te l'inspirait, ô toi, chantre du *Saule !*
» C'est que de tes erreurs il dut avoir pitié ;
» C'est qu'il avait au vrai ramené ton génie,
» Et que déjà du Christ la clémence infinie
» Voulait te pardonner de l'avoir renié ! »

Voilà comment nous voudrions savoir
Alfred de Musset damné, M. Varembey !
Et c'est ainsi que vous trompez vos lec-
teurs et calomniez votre monde !

— « Mais nous voulions, dites-vous,
» entrer à tout prix à l'Académie des Jeux-
» Floraux, conquérir notre aréopage ;
» l'amaranthe d'or miroitait devant nos
» yeux éblouis, et c'est pour cela que
» nous avons sacrifié à l'idole convenue et
» donné le camouflet d'usage au buste de
» Voltaire..... »

Les idées modernes, M. Varembey ! Et
quelles sont ces idées, s'il vous plaît ? les
vôtres peut-être. Oh ! dans ce cas, nous
sommes loin de les partager sur plus d'un
point. Mais on peut ne pas penser comme

vous, sans être pour cela un disciple de Loriquet, ainsi que vous semblez nous appeler. On peut en religion, comme en littérature, être dans le courant des idées progressistes, sans se faire l'insulteur de tout ce qu'il y a de grand dans les choses et les hommes d'un autre temps, et marcher vers l'avenir, tout en ménageant les traditions du passé, dans ce qu'elles ont encore de respectable.

Nous avons donné le camouflet d'usage au buste de Voltaire ? Mais plaignez-vous donc à Alfred de Musset auquel nous vous renvoyons, et qui, autrement que nous, a fait justice du scepticisme voltairien. Faut-il vous citer les vers de *Rolla* à l'adresse de celui que leur auteur appelle le *vieil Arouet ?*

« Et que nous reste-t-il à nous, les déicides ?
» Pour qui travailliez-vous démolisseurs stupides,
» Lorsque vous disséquiez le Christ sur son autel ?
» Que vouliez-vous semer sur sa céleste tombe,
» Quand vous jetiez au vent la sanglante colombe
» Qui tombe en tournoyant dans l'abime éternel ?
» Vous vouliez pétrir l'homme à votre fantaisie; [fait]
» Vous vouliez faire un monde. - Eh bien ! vous l'avez
» Votre monde est superbe et votre homme est parfait

. . . .

» L'hypocrisie est morte, on ne croit plus aux prêtres
» Mais la vertu se meurt, on ne croit plus à Dieu.
» Le noble n'est plus fier du sang de ses ancêtres,
» Mais il le prostitue au fond d'un mauvais lieu. »

Oui, voilà en quels termes s'adresse le poète des *Nuits* au patriarche de la philosophie railleuse du XIXe siècle. Vous le voyez donc bien, cet Alfred de Musset que vous semblez défendre contre nos prétendues attaques, vous ne le connaissez pas, vous ne l'avez jamais lu !

Ce qu'il reproche à Voltaire, n'avons-nous pu le lui reprocher, à lui qui a dit :

« Je ne crois point, ô Christ, à ta parole sainte ! »
« Je suis venu trop tard dans un monde trop vieux. »

Pourquoi saper à notre tour les fondements d'une religion qu'il semble regretter, tant que nous n'avons à lui substituer que les désespérantes doctrines du matérialisme ?

C'est dans ce sens que nous avons écrit dans notre ode cette strophe qui est, si vous savez la comprendre, l'expression d'un besoin de croire plutôt que la formule d'une croyance.

« Le Christ ! n'avait-il pas, ce modèle sublime,
» Assez vu d'apostats ; et, marchant à leur rang,

» Te fallait-il, Musset, à la douce victime
» Verser encor le fiel et lui percer le flanc ?
» *Si tu n'aperçus pas sa divine auréole,*
» N'était-ce pas assez qu'il eût par sa parole
» Régénéré le monde, inondé de son sang ?

C'est aussi dans ce sens que nous avons ajouté :

[vôtres],
« Si nos dogmes sont faux, montrez-nous donc les
» Insensés ! qui croyez pouvoir détruire un Dieu,
» Parce que vous savez avec un ton superbe
» Torturer le sanscrit et conjuguer un verbe
» Dans la langue d'Eschyle ou dans un livre hébreu. »

Voilà ce que nous avons écrit, ce qu'a pensé avant nous Alfred de Musset, ce qu'il a mieux exprimé, et ce que vous appelez du béotisme en matière de religion. Laissez à chacun le soin de croire ou de nier à sa guise pour son propre compte ; mais qu'aurez-vous gagné à enlever au peuple ses croyances, pour le livrer à vos doutes ? Sera-t-il plus heureux et plus moral, quand vous lui aurez ravi toute consolation, toute lueur d'espérance, et que, suivant l'expression de Musset, vous lui aurez fait une science de l'incrédulité ?

Non, M. Varembey, nous n'avons pas,

comme vous le dites, fouillé d'une main brutale dans la conscience du poète et outragé sa cendre ; et, si nous l'avions fait, nous serions plus coupable que qui que ce soit, alors que plus d'une fois les organes les plus importants de la presse nous ont fait l'honneur de constater quelque filiation entre nos modestes productions et celles d'Alfred de Musset.

Cela vous paraît prétentieux, Monsieur, et c'est avec quelque crainte du ridicule que nous osons le dire Mais ce n'est pas nous qui avons écrit les articles publiés sur notre compte dans la *Revue des deux mondes* (bulletin bibliographique du 15 juin 1865), dans le *Courrier du dimanche,* le *Grand journal*, la *Presse,* la *France,* les *Revues Française, Contemporaine, Britannique* et *l'Année littéraire de Vapereau.*

Oui, Monsieur, toutes ces grandes publications ont cru reconnaître en nous l'un des plus fervents admirateurs, nous n'osons pas dire imitateurs de Musset, et cela à propos des *Expiations,* où le scalpel de Ricord, dites-vous, joue un si grand rôle et que, dans votre article, vous semblez nous jeter à la face comme une honte et un remords.

Mais vous oubliez donc, M. Varembey, l'éloge exagéré que vous faisiez dans l'*Aigle*, en 1864, de ce poème que hier encore vous attaquiez dans la même feuille ! Peut-on à ce point manquer de mémoire ou de dignité ?

Cet ouvrage, vendu en dix-huit mois à 2,000 exemplaires, quoiqu'en vers, ne nous gênait pas plus que nos précédents vis-à-vis de l'Académie des Jeux-Floraux, et nous n'avions rien à lui faire oublier à cet égard.

Les mêmes publications périodiques que nous avons citées ont rendu hommage au but moral de cette production, et peut-être n'avons-nous pas été étranger à la croisade entreprise, dans ces derniers temps, contre le débordement des mœurs et le luxe effréné des femmes.

Nous avons entre nos mains une lettre que nous écrit l'honorable rapporteur de la pétition, qui donna lieu au discours de M. Dupin dans l'une des récentes séances du Luxembourg.

— « Bien que je ne partage point toutes

» vos idées et notamment dans les *Expia-*
» *tions*, nous dit l'éloquent sénateur, je
» rends hommage à la pureté de vos in-
» tentions et au talent que vous avez dé-
» ployé dans l'examen de cette question.
» Vous me trouverez donc toujours dis-
» posé à seconder l'œuvre que vous avez
» entreprise, en combattant la prostitution
» dans ses côtés les plus pernicieux, et
» je serai heureux de signaler vos loua-
» bles efforts à l'attention du premier
» corps de l'État. »

Devant de pareils témoignages d'estime,
pensez-vous, monsieur Varembey, qu'il
nous soit facile de nous consoler de l'a-
mertume de votre critique et de la mal-
veillance de vos insinuations ?

Pensez-vous qu'il nous soit également
facile de nous laver, à nos propres yeux
et aux yeux du public, du reproche que
vous nous faites d'avoir insulté Musset,
en présence de la lettre que son frère nous
écrivait, il y a quelque mois, au sujet de
notre ode couronnée ?

Après nous avoir remercié de l'envoi
que nous avions eu l'honneur de lui faire

de cet ouvrage , M. Paul de Musset conti-
nue en ces termes :

« Je me sentirais bien tenté, Monsieur,
» d'entrer avec vous dans quelques con-
» sidérations au sujet des reproches que
» vous adressez à mon frère. Si quel-
» ques-unes de ses productions sont
» empreintes de ce caractère de scepti-
» cisme que vous leur reconnaissez, n'est-
» ce pas la faute de son temps ? *Manfred*,
» *Rolla* ne sont-ils pas l'expression des
» angoisses que beaucoup d'autres ressen-
» taient et n'ont pas su rendre dans un
» langage sublime ? Les auteurs de ces
» fortes créations ont-ils fait autre chose
» que céder à un courant d'idées qu'ils
» n'ont pas été libres de diriger ? »

« Mais j'oublie que je n'ai pas pris la
» plume pour discuter, mais pour vous
» remercier. Quoique vous puissiez dire
» d'ailleurs du chantre de *Rolla*, il vous
» sera toujours beaucoup pardonné, Mon-
» sieur, parce qu'on sent, en lisant vos
» vers, combien vous l'aimez.

» Agréez, etc.

» Paul de MUSSET. »

A Bourou, près Fontainebleau, juin 1865.

Qu'en pensez-vous, M. Varembey ?

Ou notre ode n'est pas ce que vous dites, une insulte à la tombe de Musset, ou ceux qui sont le plus intéressés à sa gloire se montrent bien peu soucieux de veiller sur le dépôt qui leur est confié.

Insulter Musset ! nous, le plus idolâtre comme le plus indigne de ses disciples ; nous qui, agenouillé sur cette tombe prématurément ouverte, nous écrions dans l'ode si fortement attaquée !

« Laisse-moi devant toi, m'incliner, ô poète !
» Et, ma lèvre attachée à ta lyre muette,
» Sur tes restes bénis pleurer et prier Dieu !

» Laisse-moi, laisse-moi, muse trop tôt éteinte !
» Ecouter à genoux ces accents inouïs,
» Où ton luth éploré, confident de ta plainte,
» Soupirait tes regrets et tes mortels ennuis !
» Que je m'enivre encor de cette voix. si tendre
» Et si triste à la fois, qu'on dirait, à l'entendre,
» L'ange de la douleur sanglotant dans tes *Nuits !*

» Dis-nous la Malibran, CETTE HARPE VIVANTE !
» Ce nom mélodieux, par tes vers consacré,
» Qui, pareil à celui de Béatrix du Dante,
» Triomphera du temps, pour t'avoir inspiré !...
» Oh ! qui ne les connaît, ces stances dont les charmes
» Donnent tant de douceur et de prix à tes larmes,
» **Que l'on voudrait mourir pour être ainsi pleuré ?**

Mais le journal l'*Aigle* avait des rancunes à exercer, et votre plume, M. Varembey, aura été l'instrument de ses petites colères à notre égard.

Pourquoi ces rancunes cependant ? C'est avec un profond dégoût que nous initions nos lecteurs à un démêlé qui n'a pas, comme le précédent, l'heureux privilége d'élever une question personnelle à la hauteur d'un débat littéraire. Mais tout conspire pour nous faire sortir malgré nous des limites d'une rigoureuse réserve.

Pendant que d'un côté la presse Toulousaine fermait ses colonnes à nos articles en réponse à M. Varembey, d'autre part, le tribunal devant lequel nous assignions le gérant de l'*Aigle*, en règlement de comptes pour un autre genre d'intérêts, déclarait son incompétence et devait nous réduire ainsi à prendre le public pour juge de la moralité du différend.

Ceux qui lisent régulièrement l'*Aigle* par position ou par goût (il y a des goûts si dépravés) se souviendront peut-être d'y avoir vu, sous le titre *Variétés*, des articles signés de nous, qui pèsent plus

sur notre conscience que l'*Ode à Musset*
et les *Expiations*. Ces articles parlaient
de tout ce qu'on désignait à notre plume
dans les bureaux du journal : de spiritisme,
de contributions, de carrosserie, des eaux
thermales, etc., etc.

Nul ne pensera, nous l'espérons, que
de pareilles matières fussent de nature à
nous séduire et à égayer nos lecteurs.
Mais notre prose devait être l'objet d'une
honnête rémunération, et on faisait tant
bien que mal de la mécanique, des finan-
ces, des voyages aux Pyrénées, où l'on
chassait l'ours en imagination ; et une fois
par semaine les abonnés de l'*Aigle variaient*
leurs ennuis grâce à nos articles *Variétés*.

Ces articles d'ailleurs devaient nous être
payés à un prix fort convenable, et notre
collaboration à l'*Aigle* ne nous eut pas
rapporté moins de 50 francs par mois.
N'était-ce pas là tout ce que nous pou-
vions attendre, quand M. Varembey gagne
tout au plus 2,400 francs par an, et que
M. Valadier touche à peine, à divers titres,
cinq ou six mille francs pour ses bulletins
politiques et ses remarquables aperçus sur

les questions les plus ardues de l'économie sociale ?

Ajoutez à cela que le gérant de l'*Aigle* souriait à nos essais, louait notre style, nous frappait sur l'épaule dans les bureaux du journal, nous parlait en public, acceptait de nous, au café, la chope de l'amitié, le diner au restaurant; et, dans les épanchements d'une douce ivresse, descendait alors jusqu'à nous tutoyer !

M. Valadier nous promettait son appui pour nous pousser dans le monde, nous faisait publiquement asseoir à ses côtés dans un banquet solennel, auquel du reste il nous devait d'avoir été invité, nous permettait de porter un toast à son talent devant l'un des députés de la Haute-Garonne et les cent convives présents, et laissait ainsi tomber sur nous, pauvre poète, un rayon de sa gloire littéraire.

Mais hélas ! notre bonheur ne devait être qu'éphémère. Les faveurs des grands sont inconstantes et les publicistes changeants dans leurs affections et leurs dévouements. C'est de leur part un effet de leurs habitudes politiques.

Un jour que nous devions faire appel

à toutes nos ressources, pour faire honneur à je ne sais plus quelle échéance, nous frappions à la porte de l'*Aigle*. M. Valladier nous reçut à bras ouverts. Il ne s'était jamais montré plus caressant et meilleur prince. Par malheur ce n'était pas notre article *Variétés* que nous lui apportions, et c'est à la caisse du journal que nous venions recourir.

La figure de M. le gérant se rembrunit ; et, après un instant d'hésitation qui témoignait de quelque pudeur, M. Valladier nous répondit qu'il s'était trop aventuré, en prenant vis-à-vis de nous un engagement qu'il n'appartenait qu'aux propriétaires de l'*Aigle* de sanctionner ; que d'ailleurs le journal était bien pauvre, qu'il faisait à peine ses frais et qu'il fallait attendre de meilleurs jours, pour compter sur l'effet de sa promesse.

Quoi ! M. Valladier, vous signez comme gérant responsable dans le journal l'*Aigle*, l'on vous dit son rédacteur en chef ; c'est vous qui en êtes l'âme et le soutien ; tout le monde, dans cette grande officine paperassière, tremble sous votre férule, n'agit, ne se meut que par vous ; et quand vous avez fait descendre notre prose jusqu'au niveau de votre feuille ; quand vous vous engagez personnellement à nous indemniser de ce sacrifice d'amour - propre ; quand vous avez bu notre champagne, que nous avons subi vos articles et votre contrôle ; lorsque vous vous êtes reconnu notre débiteur devant des témoins *qui s'en souviennent*, vous dites que vous ne nous devez rien, ou plutôt vous saisissez avec empressement la première occasion qui vous est offerte de nous faire insulter par la plume de l'un de vos rédacteurs !

Comment cela s'appelle-t-il ? Si nous sommes de l'école de Loriquet, ainsi que le dit M. Varembey, quelle est celle où l'on peut vous ranger ? De quel mot qualifier vos procédés ? ce mot, nous le cherchons en vain, ou plutôt nous le trouvons et nous le gardons par respect pour le caractère officiel de votre feuille et par prudence pour nous !

De quoi s'agissait-il cependant ? De la somme de cent francs !

Et voilà pourquoi vous n'avez pas craint de manquer à votre parole, de déclarer devant M. le Juge de paix que, si vous étiez moralement notre débiteur, rien ne nous constituait régulièrement votre créancier, puisque les rédacteurs d'un journal du gouvernement devaient être agréés par l'autorité, et que nous n'avions pas été préalablement soumis à son acceptation !

Oui, M. Valladier, telle est la théorie soutenue par M⁰ Beaute, votre avocat dans cette cause ; théorie que vous n'avez pas craint de sanctionner par votre silence, car vous étiez là !

Ah ! M⁰ Beaute, l'on assure que vous avez de l'esprit ; nous le croyons. Permettez-nous de vous dire pourtant que vous avez, ce jour-là, manqué de prudence, au préjudice de votre client. Mais non : l'on disait que vous n'êtes guère dans les opinions de l'*Aigle* ; tout le monde s'étonnait même de vous voir là, et vous avez saisi avec empressement l'occasion de faire à ce journal une de ces piquantes malices où vous excellez. Dans ce cas, vous ne pouviez mieux atteindre votre but, car vous faisiez ainsi publiquement aux rédacteurs de l'*Aigle* une situation de dépendance qui enlève à leurs écrits toute portée, toute autorité propre, en même temps que vous rejetiez à tort sur le représentant du gouvernement dans la Haute-Garonne, le poids d'une responsabilité gênante vis-à-vis des maladresses du journal.

Si vous vouliez sérieusement servir les intérêts de l'*Aigle*, que ne plaidiez-vous tout d'abord la question d'incompétence, qui nous a renvoyé avec votre client devant le tribunal de commerce ?

C'est devant cette juridiction que nous vous retrouverons un jour ou l'autre, M. Valladier. Nous nous y présenterons avec de bons témoins, pour établir notre créance, et un public assez nombreux, pour vous faire hésiter à nous opposer la prescription que nous aurons encourue.

D'ici là, laissez-nous vous donner quelques conseils qui auront leur prix, si vous voulez les suivre.

Il n'est guère d'hommes qui n'aient dans leur existence quelqu'un de ces souvenirs qui leur pèsent et qu'ils voudraient anéantir. La carrière de publiciste, plus qu'aucune autre, expose à ces regrettables contradictions qui honorent peu le caractère.

Nous ne chercherons pas aujourd'hui

dans votre passé l'un de ces revirements d'opinions qui pourraient embarrasser votre rôle actuel et gêner vos attitudes. Mais croyez-nous, soyez plus soigneux d'éviter à l'avenir toute polémique où vous n'auriez rien à gagner.

Votre position au journal l'*Aigle* ne vous mettra à l'abri des attaques de personne, quand vous sortirez des limites de la modération et des convenances.

Laissez à la petite presse, qui vit d'esprit et de bons mots, les petites taquineries qui vous réussissent mal, et soyez sérieux, puisque vous avez la prétention de l'être, M. Valladier !

Veillez à ce que vos rédacteurs n'insultent point aux institutions dont s'honore Toulouse, ne fut-ce que par égard pour l'hospitalité que vous y recevez. Pourquoi vos attaques insolites contre l'académie des Jeux-Floraux, où siégent les membres les plus honorables de la magistrature, du barreau, de l'enseignement et du clergé ? Que diraient vos compatriotes si, rédacteur officiel du journal du Gard, nous froissions leurs justes susceptibilités au sujet de vos arènes, qui sont pourtant plus vieilles encore que la compagnie du gai-savoir?

Que vous a fait l'Ecole des Beaux-Arts contre laquelle vous vous déchaîniez naguère et qui, pour vous répondre, n'a eu qu'à vous opposer les succès de ses élèves? Entre-t-il dans votre programme de blesser les personnalités, d'éveiller les rancunes? Est-ce ainsi que vous servez les idées dont vous prétendez être le représentant dans la presse départementale?

Parlez avec plus de réserve que vous ne l'avez fait de noms qui s'imposent par la supériorité du talent, ces noms fussent-ils ceux de Thiers, ou de Rémusat que vous traitez avec un ridicule sans façon. Rendez votre prose moins lourde, vos élucubrations sur l'économie politique plus rares; donnez plus de place à la correspondance Lanjeau, beaucoup moins aux triviales *Revues de la semaine* de M. Varembey : vos abonnés n'y perdront rien; vous y gagnerez en considération et votre journal en autorité.

A ALFRED DE MUSSET

ODE

Qui a remporté l'Amarante d'or aux *Jeux-Floraux*

Par Léon VALÉRY, maitre es-jeux.

> Dors-tu content, Voltaire, et ton hideux sourire
> Voltige-t-il encore sur tes os décharnés?
>
> (A. DE MUSSET.)

Dors-tu content, Musset?... Ce terrible mystère,
Que l'œil ne peut percer et sonde en frissonnant;
Ce secret du trépas, qu'à l'ombre de Voltaire
Tu demandais en vain..., tu le sais maintenant!
Et je viens, à mon tour, interroger ta cendre :
Oh! dis-nous, dans la tombe, où tu viens de descendre,
As-tu trouvé la vie ou trouvé le néant?...

La mort que tu cherchais, fidèle à ses promesses,
En soufflant sur ton cœur et desséchant tes os,
A-t-elle dans ton âme endormi tes tristesses?
Ne t'arrive-t-il rien des terrestres échos?
La Muse, qui t'aimait, te parle-t-elle encore;
Ou l'éternelle nuit n'est-elle que l'aurore
De l'éternel oubli, de l'éternel repos?

Dors-tu content, Musset?... Quels lugubres fantômes
Assiégent ton sommeil sur ton dur oreiller?
Combien faut-il au temps, petits comme nous sommes,
Pour consumer nos chairs, où les vers vont fouiller?
Ne sens-tu pas bondir ton squelette sonore,
Quand l'enfant du Tyrol, l'amant de Belcolore,
De ses ricanements, Franck vient te réveiller.

Oui, tu dois secouer ta lourde léthargie,
Quand il visite aussi ton ténébreux séjour,
Rolla, qui s'éteignit dans sa dernière orgie,
En outrageant la mort et profanant l'amour!
Tu dois sentir tes os tressaillir d'allégresse,

Quand Don Paez, couvert du sang de sa maîtresse,
A ton morne cercueil vient frapper à son tour !...

Où les a-t-il trouvés, ton infernal génie,
Ces atroces amants qui nous glacent d'effroi,
Ces blasphèmes sans nom, ces râles d'agonie ?
Où les avais-tu vus, ces débauchés sans foi,
Ces types de damnés, aux faces convulsives ?
Si tu nous les peignis sous des couleurs si vives,
Est-il vrai qu'à dessein tu les calquais sur toi ?

Voilà, pourtant, voilà quel monstrueux cortége
De spectres grimaçants, dans tes rêves éclos,
Fait passer sous nos yeux ta Muse sacrilége...
Et, partout, au milieu de ces hideux tableaux,
Un visage perfide, une maîtresse aimée,
Que ta bouche maudit, mais n'a jamais nommée,
Et dont le souvenir se mêle à tes sanglots !

Oui, toujours cette femme, image fantastique,
Qui miroite à tes yeux et trouble ta raison ;
Et des cris étouffés dans ta voix sarcastique ;
Et, dans ces cris confus, le mot de trahison !....
Il est là, le secret de cette étrange fièvre,
De ce doute rongeur qui fit pâlir ta lèvre
Et dans ton jeune sang circuler le poison !...

Et qui de nous, Musset, ne porte une blessure
Dont le cœur saigne encore, et n'eût ses jours amers ?
Qui de nous, qui de nous n'a senti la morsure
D'une dent venimeuse attachée à ses chairs ?
N'avons-nous pas aussi, par une loi commune,
Vu nos illusions tomber, une par une,
Et succéder le deuil aux rêves les plus chers ?...

Mais ne savais-tu pas que d'ombre et de lumière
Les plus brillants tableaux composent leur beauté ;
Qu'il n'est rien d'éternel dans la nature entière,
Et que tout ici-bas a son double côté ?
Mais ne savais-tu pas, par ta propre faiblesse,
Le néant de la vie et le peu que nous laisse
De nos enchantements l'âpre réalité ?

Tu le savais, poète ! et quand notre existence
De joie et de douleur mélange ainsi son cours ;
Quand tu livrais toi-même aux vents de l'inconstance
Le plus pur de ton cœur, les plus beaux de tes jours ;
Quand rien ne peut remplir le vide de notre âme,
Tu suspendis ta lèvre aux lèvres d'une femme,
Et tu lui demandais d'immortelles amours !

Par quel égarement, par quelle folle envie,
Ta Muse se prit-elle à distiller le fiel ?
Pourquoi repoussas-tu la coupe de la vie,
Parce qu'un peu d'absinthe avait troublé son miel ?
Insensé ! pour un monstre outrager la nature ;
Calomnier l'amour pour une âme parjure
Et douter du soleil pour un nuage au ciel !.,

Lorsque, ainsi tourmenté par cette triste histoire,
Qui parmi tes soupirs se trahit tant de fois,
Tu blasphémais le ciel. n'avais-tu pas la gloire,
L'amitié qui jamais ne fut sourde à ta voix ?
Pour répandre à plaisir ton ironie amère,
Pour nier la vertu, que t'avait fait ta mère ?...
Que t'avait fait le Christ, pour insulter sa croix ?

Le Christ ! n'avait-il pas, ce modèle sublime,
Assez vu d'apostats ; et, marchant à leur rang,
Te fallait-il, Musset, à la douce victime
Verser encor le fiel et lui percer le flanc ?
Si tu n'aperçus pas sa divine auréole,
N'était-ce pas assez qu'il eût, par sa parole,
Régénéré le monde, inondé de son sang ?

Et tu ne songeas pas, toi dont l'âme était pleine
De poignantes douleurs, de navrants souvenirs,
Qu'il avait essuyé les pleurs de Madeleine,
Et que lui-même fut le premier des martyrs !
Et rien ne t'inspira, dans ta longue souffrance,
D'aller à ses genoux demander l'espérance
Et verser dans son sein tes humbles repentirs !

— « Il n'est plus, disais-tu dans un sombre vertige !
« La croix du Golgotha, flambeau des anciens jours,
« Sur son pied vermoulu s'affaisse sans prestige,

« Et le temps loin de nous l'emporte dans son cours... »
Pour voir s'il vit encor, ce signe qu'on révère,
Regarde donc, regarde à l'arbre du Calvaire
Aboyer l'athéisme et le saper toujours !...

Elle a porté ses fruits, la funeste semence
Qu'en creusant ton sillon tu jetas jusqu'au bout !
Vois ! la moisson est riche et le champ est immense,
Ce sont là tes enfants qui surgissent partout...
Il a soufflé sur eux ton fatal scepticisme !
S'ils n'ont point ton génie, ils ont plus de cynisme...
Et le Christ n'est pas mort, et la croix est debout !

Il n'est pas mort, Musset ! tu l'avais dit trop vite ;
Tu lui jetas trop tôt tes défis insultants.
Elle aura beau germer, cette graine maudite
Des Frank et des Rolla, que tu semas vingt ans :
Ils n'ébranleront pas la croix du divin Maître.
Et qui donc sera Dieu, si Dieu cesse de l'être ;
Si, comme tu l'as dit, Jésus a fait son temps ?

Qui fera sur nos fronts, comme aux jours des Apôtres,
Luire l'Esprit divin en colonnes de feu ?
Si nos dogmes sont faux, montrez-nous donc les vôtres,
Orgueilleux ! qui croyez pouvoir détruire un Dieu,
Parce que vous savez, avec un ton superbe,
Torturer le sanscrit et conjuguer un verbe
Dans la langue d'Eschyle, ou dans un livre hébreu.

Qui la remplacerait la céleste doctrine ?
Quel serait le Sauveur, quelle serait sa loi ?
Car tu l'as dit, Musset ! un jour que ta poitrine
En généreux transports éclatait malgré toi ;
Oui, tu l'as dit : à l'homme il faut une croyance,
Puisque l'homme ici-bas a besoin d'espérance,
Et puisque l'espérance est fille de la foi !...

Et maintenant que j'ai recueili pour ta gloire,
Ces mots, tombés un jour de ta bouche de feu,
Où ton cœur, consumé par le besoin de croire,
Faisait de son néant le solennel aveu,
Laisse-moi devant toi m'incliner, ô poète !

Et, ma lèvre attachée à ta lyre muette,
Sur tes restes bénis pleurer et prier Dieu !

Laisse-moi, laisse-moi, Muse trop tôt éteinte !
Ecouter à genoux ces accents inouïs,
Où ton luth éploré, confident de ta plainte,
Soupirait tes regrets et tes mortels ennuis !
Que je m'énivre encor de cette voix, si tendre
Et si triste à la fois, qu'on dirait à l'entendre,
L'ange de la douleur sanglotant dans tes *Nuits !*

Dis-nous la Malibran, CETTE HARPE VIVANTE,
Ce nom mélodieux par tes vers consacré,
Qui, pareil à celui de Béatrix du Dante,
Triomphera du temps, pour t'avoir inspiré !...
Oh ! qui ne les connaît, ces stances, dont les charmes
Donnent tant de douceur et de prix à tes larmes,
Que l'on voudrait mourir pour être ainsi pleuré ?

Montre-nous ces tableaux, si pleins de poésie
Qu'on sent, en les voyant, que sur tes chauds crayons
Les cieux de la Sicile et de l'Andalousie
Ont, avec leur azur, versé tous leurs rayons !
Peins-nous, au sein des flots, Venise et ses gondoles,
Venise, s'endormant au chant des barcaroles,
Et Madrid s'éveillant au bruit des carillons ?

Dis-nous surtout ce chant, doux comme une prière,
— Au barde de Saint-Point hommage fraternel, —
Où ton cœur, effrayé de sa propre misère,
Pour y chercher l'espoir, s'élançait vers le ciel !
Oui, dis-nous-le, Musset, que toute gloire est vaine,
Tout amour inconstant ; mais que, pour l'âme humaine,
Il est un meilleur monde et qu'il est éternel !

Quand Dieu te l'inspirait, cet aveu qui console
Et que tu confiais au sein de l'amitié ;
Quand Dieu te l'inspirait, ô toi, chantre du SAULE !
C'est que de tes erreurs il dût avoir pitié ;
C'est qu'il avait au vrai ramené ton génie,
Et que déjà du Christ la clémence infinie
Voulait te pardonner de l'avoir renié !

9 782013 658652